AF498016

ASSISTANCE SUR MER

AUX PÊCHEURS

DE TERRE-NEUVE ET D'ISLANDE

PAR LES NAVIRES-HÔPITAUX

DE LA SOCIÉTÉ DES OEUVRES DE MER

PENDANT LA CAMPAGNE DE PÊCHE DE 1901

ASSISTANCE SUR MER

AUX PÊCHEURS

DE TERRE-NEUVE ET D'ISLANDE

PAR LES NAVIRES-HÔPITAUX

DE LA SOCIÉTÉ DES ŒUVRES DE MER

PENDANT LA CAMPAGNE DE PÊCHE DE 1901

Extrait des *Archives de médecine navale*, novembre 1901

PARIS

IMPRIMERIE NATIONALE

MDCCCCI

ASSISTANCE SUR MER

AUX PÊCHEURS

DE TERRE-NEUVE ET D'ISLANDE

PAR LES NAVIRES-HÔPITAUX

DE LA SOCIÉTÉ DES ŒUVRES DE MER

PENDANT LA CAMPAGNE DE PÊCHE DE 1901.

I

PÊCHEURS DE TERRE-NEUVE.

Pour la dernière campagne de pêche à Terre-Neuve (1901), la *Société des œuvres de mer* inaugurait son premier navire à vapeur, le *Saint-François-d'Assise*. Ce navire-hôpital, construit à Nantes par MM. de la Brosse et Fouché, est un bâtiment de 600 tonneaux avec une machine de 300 chevaux pouvant donner jusqu'à 10 nœuds de vitesse. C'est avec raison qu'on l'a doté d'une mâture puissante, en vue de diminuer, autant que cela est possible, les très grosses dépenses de charbon ; de telle sorte qu'en réalité c'est un bâtiment mixte. L'aménagement du navire est très judicieusement compris ; on y remarque surtout un grand hôpital, un petit hôpital d'isolement, un poste spécial pour les naufragés recueillis, une salle de consultation, une salle d'opérations et de pansements, une salle de bains et de douches, une pharmacie, une bibliothèque, une étuve à désinfection, etc.

Les installations permettent d'y aliter dans d'excellentes conditions de confort 34 malades.

L'équipage compte 31 personnes, y compris l'état-major (capitaine, aumônier et médecin).

Le *Saint-François-d'Assise*, ayant M. le Dr Bonain, médecin de 1re classe de la marine, comme médecin-major, est parti pour Terre-Neuve le 17 avril et est rentré en France le 25 septembre.

Il a fait, pendant la campagne de pêche, six croisières, dont cinq sur le banc de Terre-Neuve et une au *French Shore*.

Fig. 1. — Navire-hôpital *Saint-François-d'Assise*.

La flottille de pêche comptait dans son ensemble 414 bâtiments, dont 213 armés en France et 201 armés sur place dans notre colonie de Saint-Pierre-Miquelon.

Pendant ses croisières, le navire-hôpital a communiqué 509 fois avec les bateaux-pêcheurs; il a vu tous les bâtiments de la flottille française, dont beaucoup à plusieurs reprises. De plus, il a trouvé l'occasion de porter assistance à des navires de pêche de nationalité étrangère : américains, portugais, canadiens.

Il a hospitalisé à son bord 74 malades représentant 530 journées d'hôpital. Les deux plus grosses interventions chirurgicales ont été une amputation de cuisse pour arthrite suppurée et menace de gangrène, et une uréthrotomie externe chez un malheureux qui, tombé de la mâture sur le périnée, souffrait d'une infiltration d'urine remontant déjà jusqu'à l'ombilic, quand l'arrivée providentielle du navire-hôpital vint le tirer d'affaire.

Le nombre des consultations données sur le banc, en dehors des pêcheurs hospitalisés, s'est élevé à 207. Il est bon de tenir compte aussi de 140 consultations données au *French Shore* (Port-au-Choix, île Rouge, baie de Saint-Georges, etc.), ce qui porte à 347 le chiffre total des consultations.

Fig. 2. — Un coin de l'hôpital. — Lits à roulis des OEuvres de mer.

Le navire-hôpital a recueilli pendant ses croisières 21 pêcheurs en détresse : soit naufragés, soit perdus sur des doris en dérive.

26 pêcheurs, séparés de leur navire pour une raison quelconque, ont pu, en prenant passage sur le navire-hôpital, rejoindre leur bord.

64 bâtiments de pêche ont eu recours aux ressources médicales du *Saint-François-d'Assise* pour compléter leurs coffres à médicaments.

Les croisières incessantes du navire-hôpital lui ont permis d'assurer, comme courrier bénévole, l'échange de 16195 lettres entre les pêcheurs et leurs familles.

Enfin dans sa traversée de retour en France, qui a pris onze jours, le navire-hôpital a pu rapatrier de Terre-Neuve 47 malades et convalescents, ce qui représente encore 515 journées d'hôpital.

Il est bon de noter en passant que le navire de guerre le *D'Assas* ayant eu à bord des rougeoleux, le *Saint-François-d'Assise* a pu, grâce à son étuve, procéder à la désinfection de la literie contaminée de ce croiseur.

Fig. 3. — Hospitalisés à bord du *Saint-François-d'Assise*.

En résumé, 468 malades en tout ont passé par les mains du médecin. Le tableau suivant indique les maladies pour lesquelles ont été hospitalisés ou simplement assistés *sur le banc* 281 pêcheurs :

MALADIES.	MALADES HOSPITALISÉS par le navire-hôpital.	CONSULTATIONS ou PANSEMENTS sur le banc.	TOTAUX.	OBSERVATIONS.
Fièvre typhoïde	14	"	14	Un seul a été rapatrié en France, les autres ont repris leur service.
Scorbut	5	2	7	
Alcoolisme	"	7	7	
Gastrite alcoolique	3	15	18	
Rhumatisme	3	12	15	
Tuberculose	1	"	1	
Bronchite aiguë	1	11	12	
Bronchite chronique	3	"	3	
Grippe	"	6	6	
Endocardite	1	"	1	Décédé à bord.
Angine	1	6	7	
Rougeole	3	"	3	Un est mort à l'hôpital à terre où il avait été déposé.
Saturnisme	"	2	2	
Albuminurie	2	"	2	
Épilepsie	2	"	2	
Neurasthénie	1	"	1	
Diarrhée	"	5	5	
Gastro-entérite	1	"	1	
Névralgie (faciale, sciatique)	"	4	4	
Paralysie	2	"	2	
Érysipèle	1	"	1	
Kérato-conjonctivite	2	4	6	
Panaris	3	38	41	
Abcès et phlegmons	8	6	14	
Arthrite simple	1	3	4	
Arthrite suppurée	2	"	2	Un des cas a nécessité l'amputation de la cuisse.
Hernie étranglée	2	"	2	
Contusions	"	7	7	
Plaies contuses	"	9	9	
Ulcères	2	19	21	
Carie dentaire (extraction)	"	24	24	
Hydrocèle	"	1	1	
Entorse	"	2	2	
Luxation	"	1	1	
Fracture	5	3	8	
Chute sur le périnée	1	"	1	Uréthrotomie externe et larges débridements.
Blennorragie	"	7	7	
Syphilis	1	4	5	
Chancre mou	"	2	2	
Chancre phagédénique	1	"	1	
Eczéma	"	2	2	
Gale	1	5	6	
Pelade	1	"	1	
	74	207	281	

Au sujet du *scorbut*, maladie qui, à l'heure actuelle, en dehors du monde de nos pêcheurs du large, ne s'observe pour ainsi dire plus, le Dr Bonain fait une remarque intéressante dont pourront profiter ses successeurs chargés de faire des conférences aux capitaines des navires de pêche avant leur départ de France : «Les capitaines et les pêcheurs, en général, ne connaissent sous le nom de scorbut que les lésions de la bouche, accompagnées ou non de piqueté hémorragique sur les membres et le tronc.

«Les œdèmes si fréquents et *constituant souvent uniquement les signes extérieurs du mal* passent inaperçus sous le nom de *mal de terre* ou de *mal de bois*, selon que l'œdème est mou et reçoit l'impression du doigt, ou est dur comme du bois.»

Plus loin, le Dr Bonain ajoute :

«La vérité est qu'à côté du scorbut classique évoluant chaque année dans la flottille terre-neuvienne, il existe une forme suraiguë représentée par un état de cachexie hydrémique ressemblant à s'y méprendre au *béribéri*. Pour ma part, je n'ai pas trouvé grande différence, sauf au point de vue de la durée, entre certains malades observés sur le banc de Terre-Neuve et ceux qu'en 1890 j'ai hospitalisés au Congo à bord du transport l'*Ariège* et qui étaient atteints de béribéri.

«Un autre rapprochement s'est naturellement imposé dans mon esprit entre ces cas et ceux de nos soldats de l'expédition de Madagascar en 1895 : l'effectif presque complet du 40e bataillon de chasseurs, après sa brillante mais excessive marche de Tsarasotra, peupla notre formation sanitaire de Ranomangasioka (Suberbiville). Les malades nous arrivaient gonflés et la face tellement œdématiée qu'ils devenaient rapidement méconnaissables; le paludisme était le fond de ces accidents.

«Cachexie paludéenne suraiguë, béribéri et période ultime du scorbut offrent beaucoup d'analogie.

«Sur le banc de Terre-Neuve, le surmenage chez des organismes débilités par une nourriture insuffisante et peu variée, par l'action dépressive de l'alcool et par une humidité continuelle, paraît être la cause palpable de cette forme du scorbut.»

Cela explique comment le Dr Bonain a pu découvrir sur le banc des cas de scorbut méconnus par les capitaines malgré leur bonne volonté et leur attention soutenue. En l'absence de lésions des gencives et de tout piqueté hémorragique, les capitaines s'absorbaient dans la lecture de leur *médecin de papier* sans trouver quelle pouvait bien être la maladie qu'ils avaient devant eux.

Leur empressement à se renseigner près du médecin sur les moyens de reconnaître cette forme insidieuse du scorbut, les faits nombreux de pansements bien faits et de fractures convenablement installées que le Dr Bonain a constatés pendant la campagne de Terre-Neuve montrent que les conférences faites par les médecins des œuvres de mer aux capitaines des bateaux de pêche avant leur départ pour Terre-Neuve et l'Islande ont porté leur fruit. Les capitaines ne demandent qu'à compléter leur instruction pour être plus aptes à mieux porter les secours d'urgence à leurs équipages.

Pour bien se rendre compte de l'assistance efficace et progressive que depuis 1897 la Société des œuvres de mer porte sans interruption à nos 11000 pêcheurs de Terre-Neuve (banc et French Shore), il est bon de résumer dans un tableau comparatif les résultats obtenus dans ces cinq dernières années.

	1897.	1898.	1899.	1900.	1901.
Communications avec les navires de pêche.........	196	3o3	297	3i1	5o9
Malades hospitalisés à bord du navire-hôpital......,	19	35	34	61	74
Journées d'hôpital........	128	385	3o5	6o8	[1] 53o
Pêcheurs en détresse recueillis : soit naufragés, soit perdus sur des doris en dérive...............	5	1,0	20	10	21
Consultations sur le banc...	57	92	102	117	[2] 207
Rapatriés en France.......	21	22	20	27	47
Dons de médicaments aux navires de pêche.........	27	3o	55	67	64
Lettres échangées.........	″	5929	9831	11281	16195

[1] Dans ce nombre n'entrent pas les 515 journées des 47 rapatriés.

[2] Ce chiffre ne comprend que les consultations sur le banc ; il y a eu au *French Shore* encore 140 consultations, mais on n'en tient pas compte afin de pouvoir établir le tableau comparatif dans des conditions similaires pour les années successives.

Le Dr Bonain n'a pas encore pu grouper les pertes en hommes subies par la flottille de pêche de Terre-Neuve en 1901, mais, en attendant, il donne les pertes pour les deux années précédentes ; comme, d'autre part, un de ses prédécesseurs, le D^r Du Bois Saint Sevrin, a fourni les

pertis pour les années 1897 et 1898, cela permet d'établir comme
suit le tableau comparatif des pertes pour quatre années successives :

ANNÉES.	NAVIRES.	ÉQUIPAGES.	MORTS.	MORTALITÉ.
1897........	*"*	10500	266	25,33 pour 1,000.
1898........	*"*	10650	213	20,00 —
1899........	367	8505	130	15,28 —
1900........	398	9291	264	28,44 —

Il est facile de calculer que, pour ces quatre années successives
(1897-1900), la mortalité moyenne pour la campagne de pêche est
de 22,41 pour 1000; mais il ne faut pas oublier que cette mortalité
ne s'applique qu'à une période de six mois, durée moyenne de la campagne, et que la mortalité calculée pour d'autres groupes, composés
également d'hommes dans la force de l'âge (armées et flottes), s'applique toujours à une année. Pour rendre ces différentes mortalités
comparables, il faut donc ramener à l'unité de temps et, pour cela, il
suffit de multiplier par 2 la mortalité des pêcheurs pendant six mois,
ce qui donne pour ces derniers comme mortalité 44,82 pour 1000.

Alors on peut établir le tableau suggestif que voici :

Mortalité annuelle moyenne.

Armée française............................. 6,00 p. 1000.
Flotte anglaise........................... 6,00
Flotte autrichienne....................... 5,00
Notre escadre du Nord (en 1900)........... 1,20
Pêcheurs de Terre-Neuve................... 44,82

II

PÊCHEURS D'ISLANDE.

C'est le navire-hôpital à voiles le *Saint-Pierre* (n° 2), avec M. le
Dʳ Lucas, médecin de 2ᵉ classe de la marine, comme médecin-major,
qui a fait la campagne d'Islande.

Le *Saint-Pierre*, parti pour l'Islande le 23 mars, est rentré en France
le 13 septembre. Sa campagne a donc duré 175 jours, dont 134 à la
mer, le reste du temps ayant été pris par les relâches dans les fiords

pour les besoins de la mission, notamment pour déposer les malades dans les hôpitaux de Reikiavik ou de Faskrudfiord.

Pendant ses croisières sur les lieux de pêche, le *Saint-Pierre* a communiqué avec 123 navires pêcheurs; il a hospitalisé à son bord 15 malades graves, dont 2 scorbutiques; le nombre des consultations et pansements s'est élevé à 190, tant à la mer que dans les fiords. Ce chiffre ne s'applique qu'aux pêcheurs français, car le Dr Lucas a eu l'occasion de donner également ses soins à des pêcheurs de nationalité étrangère et aux habitants de l'île.

Le navire-hôpital a complété les coffres à médicaments de 54 navires de pêche. Enfin, lors de son retour en France, le *Saint-Pierre* a rapatrié 9 pêcheurs malades ou convalescents.

Le rapport du Dr Lucas contient des renseignements précis sur les pertes d'hommes en Islande pendant cette dernière campagne qui a été particulièrement cruelle pour nos pêcheurs. La flottille de pêche, qui comprenait 161 goélettes montées par 3076 marins, a été sévèrement éprouvée par les mauvais temps, surtout en avril; on sait que 14 goélettes ont fait naufrage, dont 8 ont disparu corps et biens.

Le chiffre des pertes en hommes est de 189; il peut se décomposer ainsi :

Naufrages..	171
Chutes à la mer.................................	13
Maladies...	5
Total......................................	189

Cela représente comme mortalité 61 pour 1000. Comme pour Terre-Neuve, la période considérée n'est que de six mois; il faudrait donc encore, pour établir une juste comparaison avec les mortalités classiques de l'armée et de la flotte, ramener ces données à l'unité de temps, c'est-à-dire multiplier ce chiffre 189 par 2, ce qui établirait pour nos pêcheurs d'Islande la formidable mortalité de 122 pour 1000. Dans tous les cas, en ne considérant que les campagnes de pêche en général, la mortalité moyenne des grandes pêches étant de 25 pour 1000 pour chaque campagne, il en résulte qu'en 1901 une mortalité deux fois et demie plus forte que la moyenne a pesé sur nos pêcheurs d'Islande.